AF176414

Ein Buch für das liebste Mädchen der Welt

Tagebuch für Mädchen und Teenager-Mädchen

Kurt Heppke

Bibliografische Information der Deutschen Nationalbibliothek:
Die Deutsche Nationalbibliothek verzeichnet diese Publikation
in der Deutschen Nationalbibliografie; detaillierte
bibliografische Daten sind im Internet über http://dnb.dnb.de
abrufbar.

Lektorat: Vorname Name oder Institution
Korrektorat: Vorname Name oder Institution
weitere Mitwirkende: Vorname Name oder Institution

Herstellung und Verlag: BoD – Books on Demand,
Norderstedt

ISBN: 978-3-7557-4925-7

Dieses Buch gehört

Hi!

ich

wünschte

...

danke

bätsch

niam

niam...

grrrr!!!

hungrig

tut mir leid!

34

ich

wünschte

...

gruselig

gute Nacht

Kampf

Mehr von mir können Sie hier finden:
https://www.kurtheppke.com/

Mehr von mir können Sie hier finden:
https://www.kurtheppke.com/